Mario Henrique Meireles

# MULHERES MAIS PODEROSAS DA HISTÓRIA

*- 365 Frases Motivacionais -*

Anne Frank
Clarice Lispector
Coco Chanel
Cora Coralina
)iana Frances Spencer
Eleanor Roosevelt
Madre Teresa de Calcutá
Margareth Tatcher
Oprah Winfrey
Extraordinárias



Compilado por Mario Henrique Meireles.
*Versão comentada.*

INSTITUTO LIFE COACHING
www.institutolifecoaching.com.br

# Introdução

Seja bem vinda(o)! Este livro é uma ferramenta. Sempre fui apaixonado por sacadas, insights, ideias brilhantes e, claro, FRASES PODEROSAS.

Gosto, principalmente, daquelas que trazem, em sua simplicidade, verdades e conceitos profundos. Quanto mais curta, sintética e objetiva, melhor! São, a meu ver, verdadeiros choques de realidade carregados de lucidez.

Como filho de mãe solteira, sempre tive as mulheres como uma referência de força, ação, atitude e fibra. Não considero as mulheres o sexo frágil, muito pelo contrário, elas são dotadas de uma força que os homens nunca entenderão.

Cada frase traz sensibilidade e leveza a seu próprio modo. Pitadas de sarcasmo e ironia são visíveis em muitas delas, mas, todas, sem exceção, revelam a natureza (Extra) sensorial das mulheres.

Espero que você aproveite e se inspire na história de cada uma delas.

*Um forte abraço, Mario.*

# Sobre o Autor

Autor de 4 livros na área de desenvolvimento humano, Mario Henrique Meireles, é membro da Sociedade Brasileira de *Coaching* desde 2012 e fundador do **Instituto Life Coaching®**, instituição especializada em desenvolvimento pessoal e profissional.

É formado em Engenharia pela Universidade de São Paulo - USP - com estágio na SEAS - *School of Engineering and Applied Sciences* da universidade americana de Harvard.

O *Coaching* entrou em sua vida durante a sua atuação como engenheiro, estava ali determinada uma grande mudança em sua vida pessoal e profissional.

Palestrante e treinador, mais de 10 mil pessoas já participaram de suas palestras em todo o país.

Com a missão de tornar o *Coaching* acessível ao público em geral, publicou a série de livros LIFECOACHING (Vols. 1,2 e 3) e o Livro À PROVA DE CRISE sobre *Coaching* de carreira.

Website: **www.mariomeireles.com.br**

Instagram: **@mariohmeireles**

# Livros do Autor

**Título:** À Prova de Crise – Um guia de *Coaching* para o empoderamento pessoal e profissional (2016)

**Tema:** *Coaching* de Carreira e Profissional

**Sinopse:** À PROVA DE CRISE é um livro que transformará a sua carreira. Embasado nas técnicas e conhecimentos do Coaching Profissional, seus autores agregam influências da psicologia positiva e do Life Coaching, ampliando, assim, o olhar sobre o que realmente torna um profissional em alguém indispensável para a sua organização.

**Título:** LIFE COACHING – Equilibrando as 7 áreas fundamentais da vida. (2015)

**Tema:** Coaching Pessoal, Felicidade e Bem-estar.

**Sinopse:** Sua vida já esteve uma bagunça tão grande que você não soube por onde começar a arrumar a casa? Então este livro é perfeito para você. Ele foi pensado para as pessoas que estão tendo seu primeiro contato com o Coaching de Vida (Life Coaching) ou já tiveram algum contato, mas não atingiram seus resultados.

# Livros do Autor

**Título:** LIFE COACHING Vol. 2 – Ansiedades, medos, bloqueios e a vitória pessoal. (2016)

**Tema:** Coaching Pessoal, PNL, Psicologia, Ansiedade.

**Sinopse:** Será que você está, neste momento, assim como milhares de pessoas, querendo mudar de vida, mas alguma coisa inexplicável simplesmente está te impedindo? Então este livro é perfeito para você. Vamos entender – e eliminar – forças inconscientes que mantêm você estagnado, patinando e sem progresso na vida. Você merece uma vida feliz e plena. O grito de liberdade está próximo. É hora da vitória.

**Título:** LIFE COACHING Vol. 3 – Encontrando o propósito de vida. (2018)

**Tema:** Coaching Pessoal, Propósito de Vida, Motivação, Felicidade.

**Sinopse:** Este livro traz uma promessa poderosa: felicidade plena e uma vida com sentido. Para cumprir esta promessa conduziremos o leitor em uma viagem sincera para dentro de si mesmo, buscando um reencontro legítimo com seu eu original.

Você carrega dentro de si uma missão a ser distribuída durante toda a sua caminhada pela vida. Chegou a hora de encontrá-la e assumir o seu lugar.

# Propósito deste livro

Este livro é direcionado a todos que admiram a força e a beleza feminina. É incrível perceber que, contra todos os conceitos sociais, as mulheres sempre encontram seu lugar de destaque.

A Frase: "Por detrás de todo grande homem há uma grande mulher" é a mais pura verdade. Quando eu leio esta frase entendo que A MULHER É A RESPONSÁVEL por fazer aquele homem grande. Certamente, ele não seria o mesmo caso não houvesse esta grande mulher.

Eu creio nisso!

Creio que as mulheres tem uma conexão com o divino que os homens nunca terão e não conhecerão.

Este livro retrata bem a mente de mulheres brilhantes, fortes e vencedoras em suas áreas.

O objetivo deste livro é iluminar, empoderar, fortalecer mulheres e homens para que rompam a hipnose social e enxerguem que, sim, as mulheres são as verdadeiras forças motrizes deste planeta.

# As Pensadoras

Antes de começarmos, entenda que existiram muitas mulheres extremamente relevantes para a história, entretanto, poucas dedicadas à literatura e também ao registro de seus pensamentos.

As pensadoras que aqui estão defendiam publicamente seus valores e, felizmente, muitas eram dedicadas à literatura e, dentro de seus livros, inúmeras passagens famosas registraram seus pensamentos e suas visões de mundo.

Do mundo da arte à moda, passando pela literatura e pela política, todas estas incríveis mulheres influenciaram o mundo que vivemos hoje.

Sem elas, certamente, viveríamos em um mundo mais cinzento, sem graça e insensível.

Permita que suas palavras toquem teu coração.

*Boa Leitura.*

# Anne Frank

Anne Frank (1929-1945) foi uma jovem judia vítima dos nazistas. Deixou em seu diário "O Diário de Anne Frank" o testemunho da perseguição nazista aos judeus.

Durante dois anos, entre os anos de 1942 e 1944, Anne Frank escreveu em seu diário, o cotidiano da família e dos quatro judeus que se juntaram a eles, os conflitos da adolescência, a guerra, os bombardeios e a ajuda dos amigos, até que em agosto de 1944 o esconderijo secreto foi invadido por policiais e Anne Frank, juntos com os outros, foi levada para uma prisão e depois para um campo de triagem.

Anne faleceu em março de 1945. Seu pai, sobrevivente de Auschwitz, publicou o diário de Anne, em 1947.

**Separo aqui 25 frases dessa jovem corajosa que registrou, com beleza, um período triste da humanidade.**

#001 - "Que maravilha é ninguém precisar esperar um único momento para melhorar o mundo."

#002 - Aprendi uma coisa: só se conhece realmente uma pessoa depois de uma discussão. Só nessa altura se pode avaliar o seu verdadeiro carácter.

#003 - Os pais somente podem dar bons conselhos e indicar bons caminhos, mas a formação final do caráter de uma pessoa está em suas próprias mãos.

#004 - Adormeço com a ideia tola de querer ser diferente do que sou.

#005 - Nunca mais recuarei diante da verdade; pois quanto mais tardamos a dizê-la; mais difícil torna-se aos outros ouvi-la.

#006 - Aquele que é feliz espalha felicidade. Aquele que teima na infelicidade, que perde o equilíbrio e a confiança, perde-se na vida.

#007 - Apesar de tudo eu ainda creio na bondade humana

#008 - Enquanto puderes erguer os olhos para o céu, sem medo, saberás que tens o coração puro, e isto significa felicidade.

#009 - O melhor de tudo é o que penso e sinto. Pelo menos posso escrever, senão, me asfixiaria completamente.

#010 - Os abraços foram feitos para expressar o que as palavras deixam a desejar.

#011 - O papel tem mais paciência do que as pessoas.

#012 - Em cada censura há uma ponta de verdade!

#013 - Para mim, as lembranças são mais importantes do que os vestidos.

#014 - A gente não faz ideia de como mudou até que a mudança já tenha acontecido.

#015 - Os mortos recebem mais flores do que os vivos porque o remorso é mais forte que a gratidão.

#016 - Vou dedicar menos tempo ao sentimentalismo e mais tempo à realidade.

#017 - Um dia vazio, mesmo claro e puro, é como qualquer noite, escuro.

#018 - Pense em toda beleza que ainda resta em torno de você e seja feliz.

#019 - O amor não é coisa que se possa pedir a alguém.

#020 - Para amar alguém, a primeira condição é poder admirar - admirar e respeitar.

#021 - Todos têm no corpo, mente e espírito um pouco de Anne Frank. Arrisque! Escreva!

#022 - Na teoria, você já sabe tudo. Mas e na prática? A história é outra!

#023 - Nunca ninguém ficou pobre por dar.

#024 - Olhe como uma única vela tanto pode desafiar e definir a escuridão.

#025 - Ninguém quer ver o perigo até que ele aparece cara a cara.

**Nota do Autor:**

Apenas os que viveram o que esta jovem moça viveu conseguem compreender suas verdadeiras palavras e contexto. É totalmente diferente de qualquer gênero literário, é história.

O poder das palavras de Anne Frank resume-se ao fato de que ela não pretendia tornar seu diário um livro. Era totalmente espontâneo. Era sua essência.

Se me permitido for, acredito que ela nunca imaginaria que ele seria um livro famoso, ou mesmo que se tornaria um dos principais registros históricos do século XX.

Ninguém escreve um diário para que ele seja lido, roubado, ou publicado. Um diário é algo íntimo, privado. É como um melhor amigo, confidente.

Acredito ser por esta razão que suas palavras carregaram tanta sinceridade e tocaram tantos corações.

Que tenhamos a sua coragem e transmitamos sempre a nossa verdadeira essência em nossas palavras e nossas vidas

# Clarice Lispector

Clarice Lispector nasceu em Tchetchelnik, Ucrânia, no dia 10 de dezembro de 1920. Chegou ao Brasil em março de 1922, passou a infância na cidade do Recife e em 1937 mudou-se para o Rio de Janeiro, onde se formou em Direito.

Clarice Lispector estreou na literatura ainda muito jovem com o romance "Perto do Coração Selvagem" (1943), que teve calorosa acolhida da crítica e recebeu o Prêmio Graça Aranha.

Entre suas obras mais importantes estão a reunião de contos em "A Legião Estrangeira" (1964), "Laços de Família" (1972), os romances "A Paixão Segundo G.H." (1964) e "A Hora da Estrela" (1977).

**Suas 60 principais citações:**

#026 - Até cortar os próprios defeitos pode ser perigoso. Nunca se sabe qual é o defeito que sustenta nosso edifício inteiro.

#027 - Que ninguém se engane, só se consegue a simplicidade através de muito trabalho.

#028 - Renda-se, como eu me rendi. Mergulhe no que você não conhece como eu mergulhei. Não se preocupe em entender, viver ultrapassa qualquer entendimento.

#029 - Ela acreditava em anjo e, porque acreditava, eles existiam.

#030 - Liberdade é pouco. O que eu desejo ainda não tem nome.

#031 - E o que o ser humano mais aspira é tornar-se ser humano.

#032 - Passei a vida tentando corrigir os erros que cometi na minha ânsia de acertar.

#033 - Suponho que me entender não é uma questão de inteligência e sim de sentir, de entrar em contato... Ou toca, ou não toca.

#034 - É difícil perder-se. É tão difícil que provavelmente arrumarei depressa um modo de me achar, mesmo que achar-me seja de novo a mentira de que vivo.

#035 - O que verdadeiramente somos é aquilo que o impossível cria em nós.

#036 - Porque há o direito ao grito. Então eu grito.

#037 - O que importa afinal, viver ou saber que se está vivendo?

#038 - E se me achar esquisita, respeite também. Até eu fui obrigada a me respeitar.

#039 - E nem entendo aquilo que entendo, pois estou infinitamente maior do que eu mesma, e não me alcanço.

#040 - Fique de vez em quando só, senão você será submergido. Até o amor excessivo dos outros pode submergir uma pessoa.

#041 - Com todo perdão da palavra, eu sou um mistério para mim.

#042 - Tenho várias caras. Uma é quase bonita, outra é quase feia. Sou um o quê? Um quase tudo.

#043 - Gosto de um modo carinhoso do inacabado, do malfeito, daquilo que desajeitadamente tenta um pequeno voo e cai sem graça no chão.

#044 - Não era mais uma menina com um livro, era uma mulher com seu amante.

#045 - A palavra é meu domínio sobre o mundo.

#046 - Saudade é como um pouco de fome: só passa quando se come a presença.

#047 - Escuta, eu te deixo ser, deixa-me ser então.

#048 - Não tenho tempo pra mais nada, ser feliz me consome muito.

#049 - Divertir os outros, um dos modos mais emocionantes de existir.

#050 - Sou um monte intransponível no meu próprio caminho. Mas às vezes por uma palavra tua ou por uma palavra lida, de repente tudo se esclarece.

#051 - Deve-se viver apesar de...

#052 - Sentia que "podia". Fora feita para "libertar". "Libertar" era uma palavra imensa, cheia de mistérios e dores.

#053 - A poesia dos poetas que sofreram é doce e terna. E a dos outros, dos que de nada foram privados, é ardente, sofredora e rebelde.

#054 - Minhas desequilibradas palavras são o luxo de meu silêncio.

#055 - Respeite mesmo o que é ruim em você – respeite, sobretudo, o que imagina que é ruim em você - não copie uma pessoa ideal, copie você mesma - é esse seu único meio de viver.

#056 - Inútil querer me classificar, eu simplesmente escapulo não deixando. Gênero não me pega mais.

#057 - Só se sente nos ouvidos o próprio coração, pois nós não fomos feitos senão para o pequeno silêncio.

#058 - Mas há a vida que é para ser intensamente vivida. Há o amor. Que tem que ser vivido até a última gota. Sem nenhum medo. Não mata.

#059 - O que é verdadeiramente imoral é ter desistido de si mesmo.

#060 - Perder-se também é caminho.

#061 - Toda vida é uma missão secreta.

#062 - Acho que sábado é a rosa da semana.

#063 - Vocação é diferente de talento. Pode-se ter vocação e não ter talento, isto é, pode-se ser chamado e não saber como ir.

#064 - Aquilo que eu não sei é a minha melhor parte!

#065 - A felicidade aparece para aqueles que choram. Aparece para aqueles que se machucam. Aparece para aqueles que buscam e tentam sempre.

#066 - Eu me exponho melhor no silêncio.

#067 - A minha única salvação é a alegria.

#068 - Você, às vezes, não estranha de ser você?

#069 - E quando acaricio a cabeça do meu cão, sei que ele não exige que eu faça sentido ou me explique.

#070 - Quem muito agrada, desagrada.

#071 - "Todos os dias, quando acordo, vou correndo tirar a poeira da palavra amor...".

#072 - Estou me interessando terrivelmente por fatos. Fatos são pedras duras. Não há como fugir. Fatos são palavras ditas pelo mundo.

#073 - As boas maneiras são a melhor herança.

#074 - Saudade do que poderia ter sido e não foi.

#075 - Bem sei que é assustador sair de si mesmo, mas tudo o que é novo assusta.

#076 - "Pensar é um ato. Sentir é um fato.".

#077 - O pecado me atrai, o que é proibido me fascina.

#078 - Você pode até me empurrar de um penhasco que eu vou dizer: - E daí? Eu adoro voar.

#079 - Sou cada pedaço infernal de mim.

#080 - O que me mata é o cotidiano. Eu queria só exceções.

#081 - Um dia uma folha me bateu nos cílios. Achei Deus de uma grande delicadeza.

#082 - "A loucura é vizinha da mais cruel sensatez. Engulo a loucura porque ela me alucina calmamente.".

#083 - "Ouve-me, ouve meu silêncio.".

#084 - Depois que aprendi a pensar por mim mesma, nunca mais pensei igual aos outros.

#085 - Eu sou mansa, mas minha função de viver é feroz.

**Notas do Autor**

A Maturidade faz você entender melhor Clarice Lispector. Meu primeiro contato com a autora foi durante o período pré-vestibular.

Uma leitura forçada, obrigatória, porém, encantadora.

A Hora da Estrela foi uma leitura marcante para mim. Era um livro rápido, dinâmico, inteligente. Gostoso de ler.

Faltava em mim apenas a maturidade para entender a sensibilidade da autora. Entender a sua riqueza cultural e pessoal.

É, sem dúvidas, uma coletânea de frases inspiradoras daquelas que nos trazem à reflexão a respeito da vida e da nossa atitude diante dela.

Deguste com carinho, cada palavra, cada pensamento. Se todos tivéssemos um pouco de Clarice dentro de nós, o mundo seria um lugar mais alegre e sensato.

# Coco Chanel

Coco Chanel (1883-1971) foi uma estilista francesa e a fundadora da marca "Chanel". Nasceu numa família pobre na pequena vila de Saumur, França, no dia 19 de agosto de 1883.

Coco Chanel trabalhou como balconista, em uma loja de tecidos, onde aprendeu a costurar. Foi cantora de cabaré e adotou o nome "Coco Chanel", tirado da música "Qui qu'a vu Coco".

Coco Chanel envolveu-se com um industrial inglês, que lhe ajudou a abrir uma chapelaria, em 1910. Logo suas criações se expandiram para o ramo da moda. Nos anos 20, Chanel já era uma designer influente, desenhava roupas elegantes, com tecidos fluídos e peças inspiradas no guarda-roupa masculino. Em 1922 criou o perfume Chanel n.º 5.

Coco Chanel esteve à frente de seus negócios até os últimos dias de sua vida. Faleceu no dia 10 de janeiro de 1971, no Hotel Ritz Paris.

**Aqui vão 34 frases poderosas de Coco Chanel.**

#086 - Quem não gosta de estar consigo mesmo em geral está certo.

#087 - O dinheiro nunca significou muito para mim, mas a independência (conseguida com ele), muito.

#088 - O mais corajoso dos atos ainda é pensar com a própria cabeça.

#089 - Vista-se mal e notarão o vestido. Vista-se bem e notarão a mulher.

#090 - A natureza lhe dá o rosto que você tem aos 20. A vida talha o rosto que você tem aos 30. Mas depende de você merecer o rosto dos 50.

#091 - O conforto possui formas. O amor cores. Uma saia é feita para se cruzar as pernas, e uma manga, para se cruzar os braços.

#092 - Uma mulher precisa de apenas duas coisas na vida: um vestido preto e um homem que a ame.

#093 - O luxo não é o oposto da pobreza, mas da vulgaridade.

#094 - Uma garota deve ser duas coisas: elegante e fabulosa.

#095 - Para ser insubstituível, você precisa ser diferente.

#096 - O luxo tem que ser confortável ou não é luxo.

#097 - A moda sai de moda, o estilo jamais.

#098 - Sou contra a moda que não dure. É o meu lado masculino. Não consigo imaginar que se jogue uma roupa fora, só porque é primavera.

#099 - A força se consegue com fracassos e não com os sucessos.

#100 - Não importa o lugar de onde você vem. O que importa é quem você é! E quem você é? Você sabe?

#101 - Eu não entendo como uma mulher pode sair de casa sem se arrumar um pouco - mesmo que por delicadeza. Depois, nunca se sabe, talvez seja o dia em que ela tem um encontro com o destino. E é melhor estar tão bonita quanto for possível para o destino.

#102 - Qualquer coisa é bela se vista de uma forma diferente.

#103 - A moda passa. O estilo permanece.

#104 - Nem tudo que é bonito vai te fazer bem quando te tocar.

#105 - Há pessoas que têm dinheiro e há pessoas que são ricas.

#106 - O que conta não são os quilates, mas o efeito.

#107 - A mulher tem que saber a hora exata de sair de cena. Mesmo que essa hora seja muito dolorosa.

#108 - Quando a paixão se vai, permanece o tédio e tudo acaba, mesmo que continue.

#109 - Eu já não sou o que era. Devo ser o que me tornei.

#110 - Onde se deve usar perfume? - Uma jovem perguntou. - Onde ela quiser ser beijada. - Eu respondi.

#111 - Quantas preocupações desaparecem quando a gente se preocupa não em ser alguma coisa, mas em ser alguém.

#112 - Sucesso é mais frequentemente alcançado por aqueles que não sabem que o fracasso é inevitável.

#113 - Não é a aparência, é a essência. Não é o dinheiro, é a educação. Não é a roupa, é a classe.

#114 - Uma garota deve ser duas coisas: quem e o que ela quiser.

#115 - Não perca tempo batendo em uma parede, esperando transformá-la em uma porta.

#116 - Você só vive uma vez. Por isso divirta-se.

#117 - A simplicidade é a chave da verdadeira elegância.

#118 - Minha vida não me agradava, então eu criei a minha vida.

**Nota do Autor**

Nós homens nunca entenderemos a genialidade de Coco Chanel. O poder de suas frases, entretanto, é fácil de ser compreendido. Carregadas de verdade e quebrando tabus, elas transmitem a pura essência do poder da beleza da mulher.

Ao que parece, por sua biografia, Coco Chanel era poderosa não apenas por suas ideias revolucionárias, mas sim, por ser prova viva das ideias que pregava.

Eis o poder de suas palavras: Autenticidade.

# Cora Coralina

Cora Coralina nasceu em Goiás no dia 20 de agosto de 1889. Começou a escrever poemas e contos aos 14 anos, cursou apenas até a terceira série do primário.

Cora tornou-se doceira para sustentar os quatro filhos depois que o marido morreu, em 1934. Viveu por muito tempo de sua produção de doces, se achava mais doceira do que escritora.

Aos 70 anos, decidiu aprender datilografia para preparar suas poesias e enviá-las aos editores. Em 1965, aos 75 anos, ela conseguiu realizar o sonho de publicar o primeiro livro, "Poemas dos Becos de Goiás e Estórias Mais". Ficou conhecida como Cora Coralina, a primeira mulher a ganhar o Prêmio Juca Pato, em 1983, com o livro "Vintém de Cobre – Meias Confissões de Aninha".

Nos últimos anos de vida, quando sua obra foi reconhecida, participou de conferências, homenagens e programas de televisão, e não perdeu a doçura da alma de escritora e confeiteira. Cora Coralina faleceu em Goiânia, Goiás, no dia 10 de abril de 1985.

**Suas 45 citações mais famosas:**

#119 - Feliz aquele que transfere o que sabe e aprende o que ensina.

#120 - O que vale na vida não é o ponto de partida e sim a caminhada. Caminhando e semeando, no fim terás o que colher.

#121 - O saber se aprende com os mestres. A sabedoria, só com o corriqueiro da vida.

#122 - A sabedoria se aprende com os humildes.

#123 - Fiz a escalada da montanha da vida removendo pedras e plantando flores.

#124 - Todos estão matriculados na escola da vida, onde o mestre é o tempo.

#125 - Não morre aquele que deixou na terra a melodia de seu cântico na música de seus versos.

#126 - Poeta não é somente o que escreve. É aquele que sente a poesia, se extasia sensível ao achado de uma rima à autenticidade de um verso.

#127 - Coração é terra que ninguém vê.

#128 - Procuro suportar todos os dias minha própria personalidade renovada, despencando dentro de mim tudo que é velho e morto.

#129 - Recria tua vida, sempre, sempre. Remova pedras, plante roseiras e faça doces. Recomece.

#130 - Nas palmas de tuas mãos leio as linhas da minha vida.

#131 - A verdadeira coragem é ir atrás de seu sonho mesmo quando todos dizem que ele é impossível.

#132 - Mais esperança nos meus passos do que tristeza nos meus ombros.

#133 - Não lamente o que podia ter e que se perdeu por caminhos errados e nunca mais voltou.

#134 - Sei que o mundo não é um mistério e nem um o sonho é uma jura secreta. O Deus que criou o mundo criou também o poeta.

#135 - Melhor professor nem sempre é o de mais saber e, sim, aquele que, modesto, tem a faculdade de manter o respeito e a disciplina da classe.

#136 - Me esforço para ser melhor a cada dia, pois bondade também se aprende.

#137 - Quando as coisas ficam ruins, é sinal de que as coisas boas estão por perto.

#138 - Bem por isso mesmo diz o caboclo: a alegria vem das tripas — barriga cheia é coração alegre. O que é pura verdade.

#139 - Com as pedras que me atiraram construí a minha obra.

#140 - Tenho consciência de ser autêntica e procuro superar todos os dias minha própria personalidade, despedaçando dentro de mim tudo que é velho e morto, pois lutar é a palavra vibrante que levanta os fracos e determina os fortes.

#141 - Aprendi que mais vale lutar do que recolher dinheiro fácil. Antes acreditar do que duvidar.

#142 - Nasci em tempos rudes. Aceitei contradições, lutas e pedras como lições de vida. Delas me sirvo. Aprendi a viver.

#143 - Nunca escreverei uma palavra para lamentar a vida. Meu verso é água corrente, é tronco, é fronde, é folha, é semente, é vida!

**Nota do Autor**

O que adicionar à história de alguém que lutou e perseguiu seus sonhos por 75 anos?

A maior lição de Cora foi sua vida. Ela fez de sua própria vida a sua mensagem. Semeando durante anos o legado que colherá por toda a vida.

Aprenda com ela.

Após ler estas frases tenho claro em meu coração que a maior lição que uma pessoa pode nos deixar é a sua própria história de vida.

Sem mais.

# Diana Spencer

Princesa Diana (1961-1997) foi Princesa de Gales. Casada com o príncipe Charles, filho da Rainha Elizabeth II da Inglaterra e era chamada de Lady Di.

De família aristocrata, era filha de Edward John Spencer, oitavo conde Spencer e de Frances Ruth Burke, filha do quarto barão de Fermy.

No dia 29 de Julho de 1981, casaram-se na Catedral de St Paul's em Londres.

Logo a princesa se tornou querida por todos. Realizava obras de caridade em vários países e viajava em missões da família real britânica.

No entanto, desde o final da década de 80, começaram a surgir os primeiros rumores sobre uma possível separação. Isto veio a se confirmar no dia 9 de dezembro de 1992, quando o casal formalmente se separa. O divórcio só foi finalizado no dia 28 de agosto de 1996. Com a separação, Diana perdeu o tratamento de Alteza Real e passou a ser a Princesa de Gales.

Na noite de 31 de Agosto de 1997, quando Diana viajava de carro com o seu namorado, Dodi Al Fayed, herdeiro da cadeia de lojas Harrods, foi perseguida por paparazzis vindo a sofreu um grave acidente automobilístico em Paris, que tirou a vida de ambos.

Diana Frances Spencer faleceu em Paris, França, no dia 31 de agosto de 1997.

**Aqui estão 14 frases dessa corajosa mulher:**

#144 - Minha primeira impressão foi a de que eu não deveria deixar as pessoas desabarem, que eu deveria auxiliá-las e amá-las..

#145 - Onde quer que eu veja sofrimento, é lá que quero estar, fazendo o que eu puder.

#146 - Quando se está feliz é possível esquecer qualquer coisa.

#147 - Não se pode confortar o afligido sem afligir os confortáveis.

#148 - Gosto de ser um espírito livre. Alguns não gostam disso, mas esse é o jeito que eu sou.

#149 - Eu não sigo as regras estabelecidas, eu lidero com o coração, não com a cabeça.

#150 - Se encontrar alguém que ama na sua vida, agarre-se a esse amor.

#151 - Sim, eu toco nas pessoas. Acredito que todos precisam disso.

#152 - Dizem que é melhor ser pobre e feliz do que rico e miserável, mas e se a pessoa for moderadamente rica e deprimida?

#153 - O maior problema do mundo atual é a intolerância. Todos são tão intolerantes uns com os outros.

#154 - Faça somente o que seu coração desejar.

#155 - Compreendo o sofrimento das pessoas, a dor das pessoas, mais do que você jamais se conhecerá.

#156 - Todos precisam ser valorizados. Todos têm potencial para dar algo em troca.

#157 - Estou ciente de que as pessoas que amamos, que morreram e estão no mundo espiritual, olham por mim.

**Nota do Autor**

Lady Di marcou a minha geração. Criou e estabeleceu padrões de conduta em assuntos humanitários e de caridade.

Sua morte foi marcada por polêmica e teorias da conspiração.

Seja qual for a história real, sua morte impulsionou ainda mais seu legado, deixando cravada na história a imagem da bela mulher que desafiou a monarquia mais poderosa do planeta.

# Madre Teresa

Agnes Gonxha Bojaxhiu, conhecida como Madre Teresa de Calcutá, nasceu na atual Escópia, capital da República da Macedônia, em 1910.

Em setembro de 1928, ingressou na Casa das Irmãs de Nossa Senhora do Loreto, em Dublin, na Irlanda. De lá partiu para a cidade de Darjeeling, na Índia, onde as irmãs de Loreto tinham um colégio, em 1931. Lá, fez os votos de obediência, pobreza e castidade, tomando o nome de Teresa.

De Darjeeling, Teresa partiu para Calcutá, onde viveu como religiosa e foi professora de história e geografia no Colégio Santa Maria, único colégio católico para meninas ricas da cidade de Calcutá. O contraste com a pobreza à sua volta era muito grande.

A revelação ocorreu em setembro de 1946, durante uma viagem de trem. Madre Teresa ouviu um chamado interior que a incitou a abandonar o convento de Loreto, em Calcutá, e passar a viver entre os pobres.

"Ícone do Bom Samaritano, ela ia a toda parte para servir Cristo nos mais pobres entre os pobres". Esse é um trecho da homilia do Papa João Paulo II durante o ritual de beatificação de Madre Teresa de Calcutá, em outubro de 2003. Em 2016, foi canonizada pelo Papa Francisco.

Em 1979, Madre Teresa recebeu o prêmio Nobel da Paz, pelos serviços prestados à humanidade. Depois de dedicar toda uma vida aos pobres, Madre Teresa de Calcutá morreu aos 87 anos.

**Aqui seguem 51 frases de puro amor.**

#158 - O senhor não daria banho a um leproso nem por um milhão de dólares? Eu também não. Só por amor se pode dar banho a um leproso.

#159 - Todas as nossas palavras serão inúteis se não brotarem do fundo do coração. As palavras que não dão luz aumentam a escuridão.

#160 - Quando descanso? Descanso no amor

#161 - Um coração feliz é o resultado inevitável de um coração ardente de amor.

#162 - O que eu faço é uma gota no meio de um oceano. Mas sem ela, o oceano será menor.

#163 - É fácil amar os que estão longe. Mas nem sempre é fácil amar os que vivem ao nosso lado.

#164 - As palavras de amizade e conforto podem ser curtas e sucintas, mas o seu eco é infindável.

#165 - Temos de ir à procura das pessoas, porque podem ter fome de pão ou de amizade.

#166 - A falta de amor é a maior de todas as pobrezas.

#167 - O que eu faço é simples: ponho pão nas mesas e compartilho-o.

#168 - Quem julga as pessoas não tem tempo para amá-las.

#169 - A todos os que sofrem e estão sós, dai sempre um sorriso de alegria. Não lhes proporciones apenas os vossos cuidados, mas também o vosso coração.

#170 - O importante não é o que se dá, mas o amor com que se dá.

#171 - Não devemos permitir que alguém saia da nossa presença sem se sentir melhor e mais feliz.

#172 - Se um dia eu for Santa, serei com certeza a santa da escuridão. Estarei continuamente ausente do Paraíso.

#173 - Tem sempre presente que a pele se enruga, que o cabelo se torna branco, que os dias se convertem em anos, mas o mais importante mão muda: tua força interior.

#174 - Nós não podemos fazer nenhuma grande coisa - só coisas pequenas com grande amor.

#175 - Tudo que se perde é o que não se dá.

#176 - Não posso dar-me ao luxo da política. Numa ocasião, fiquei cinco minutos a escutar um político e morreu-me um velhinho em Calcutá.

#177 - Uma das maiores enfermidades é não ser ninguém para ninguém.

#178 - A oração torna nossos corações transparentes e só um coração transparente pode escutar a Deus.

#179 - O primeiro passo para conseguir algo é desejá-lo.

#180 - Amor intenso não se avalia, apenas se dá.

#181 - Perguntaram para Madre Teresa como poderíamos promover a paz mundial. Ela disse: "Vá para casa e ame a sua família".

#182 - Toda vez que você sorri para alguém, é uma ação de amor, um presente a essa pessoa, uma coisa linda.

#183 - Ontem foi embora. Amanhã ainda não veio. Temos somente hoje. Comecemos!

#184 - Qualquer ato de amor, por menor que seja, é um trabalho de paz.

#185 - Deus se manifesta no silêncio.

#186 - Palavras gentis podem ser curtas e fáceis de falar, mas seus ecos são verdadeiramente infinitos.

#187 - Para manter uma lamparina acesa, precisamos continuar colocando óleo nela.

#188 - A força mais potente do universo é a fé.

#189 - Se aceitarmos que uma mãe mate seu filho dentro do próprio ventre, como poderemos impedir que as pessoas matem umas as outras?.

#190 - Seja fiel nas pequenas coisas porque é nelas que mora a sua força.

#191 - O amor torna tudo brilhante, agradável e vantajoso. O amor é o vaso que contém alegria!

#192 - Sou apenas um lápis na mão de Deus. É ele quem me escreve.

#193 - Enquanto estiver vivo, sinta-se vivo.

#194 - Nunca irei a uma manifestação contra a guerra, se fizerem uma pela paz chamem-me.

#195 - Se virarmos as costas para os pobres, viramos as costas para deus.

#196 - As mãos que fazem valem mais que os lábios que rezam.

#197 - Se a senhora pudesse, o que mudaria na Igreja? EU MUDARIA A MIM MESMA.

#198 - Nunca se preocupe com números. Ajude uma pessoa de cada vez, e sempre comece pela mais próxima de você.

#199 - Sozinha não posso mudar o mundo, mas posso lançar uma pedra sobre as águas e fazer muitas ondulações.

#200 - A maior doença do ocidente não é a tuberculose nem a lepra; é sermos indesejados, desamados, desassistidos.

#201 - A vida é um jogo. Jogue-o. A vida é muito preciosa. Não a destrua.

#202 - Faça coisas ordinárias com um amor extraordinário.

#203 - A paz começa com um sorriso.

#204 - Não espere por grandes líderes; faça você mesmo, pessoa a pessoa. Seja leal às ações pequenas porque é nelas que está a sua força.

#205 - O que você passou anos construindo, alguém pode destruir da noite para o dia. Construa assim mesmo.

#206 - Nunca compreenderemos o quanto um simples sorriso pode fazer.

#207 - Como Jesus, pertencemos ao mundo inteiro, vivendo não para nós mesmos, mas para os outros. A alegria do Senhor é a nossa força.

#208 - O aborto é pior do que a fome, pior do que a guerra.

**Nota do Autor**

Madre Teresa é aquela pessoa que se torna um ícone em nossa mente. Ela transmite caridade. Transmite algo muito bom, de paz e tranquilidade.

Acredito que todos que lerem sua biografia e suas frases, principalmente as contidas nesse livro, poderão sentir a autenticidade e a verdade que elas carregam.

Ela era, sobretudo, uma prova viva de fé e fez da sua vida uma expressão máxima do poder de Deus.

Santa Madre Teresa de Calcutá tornou, a todos que testemunharam sua vida e são sensíveis o suficiente para aprender com ela, a fé em algo prático e aplicável.

# Margaret Thatcher

Margaret Thatcher nasceu em Grantham, uma pequena cidade de Lincolnshire, Inglaterra, no dia 13 de outubro de 1925. Estudou em escola pública e recebeu uma bolsa para a Universidade de Oxford, em 1943, onde estudou Química.

Em 1975, Margaret Thatcher foi eleita líder do Partido Conservador, sendo a primeira mulher a liderar um dos principais partidos da Inglaterra. Em 1979, foi eleita para Primeiro-ministro, sendo a primeira mulher a ocupar esse cargo no Reino Unido.

Thatcher exerceu o cargo com austeridade. Os soviéticos a apelidaram de "Dama de Ferro". Margaret Thatcher foi reeleita, em 1982, com ampla margem de votos. Em 1987 foi novamente reeleita com uma margem menor de votos. Entrou em conflito com seu próprio partido, renunciando em favor de John Major, em 1990.

## O que a "Dama de Ferro" pode nos ensinar em 28 citações:

#209 - Ninguém se lembraria do Bom Samaritano se ele só tivesse boas intenções. Ele possuía também dinheiro.

#210 - O consenso é a negociação da liderança.

#211 - Um líder é alguém que sabe o que quer alcançar e consegue comunicá-lo.

#212 - Estar no poder é como ser uma dama. Se tiver que lembrar às pessoas que você é, você não é.

#213 - Podes ter de travar uma batalha mais de uma vez, para vencê-la.

#214 - Gostaria que você soubesse que existe dentro de si uma força capaz de mudar sua vida. Basta que lute e aguarde um novo amanhecer.

#215 - Vale a pena conhecer o inimigo. Entre outras coisas, pela possibilidade de que algum dia ele se converta num amigo.

#216 - A paciência é uma virtude, exceto quando se trata de separar os inconvenientes.

#217 - Qualquer mulher que entenda os problemas de cuidar de uma casa está muito perto de entender os problemas de cuidar de um país.

#218 - O problema com o comunismo é que um dia o dinheiro dos outros acaba.

#219 - A missão do político não é a de agradar a todo mundo.

#220 - "Liberdade, igualdade, fraternidade" – eles se esqueceram de obrigações e deveres, eu acho. E então, é claro, a fraternidade desapareceu por muito tempo.

#221 - Não seja tolo, senhor Gorbachev, vocês mal conseguem alimentar seus próprios cidadãos.

#222 - Eu entrei no governo com um objetivo: transformar o país, de uma sociedade dependente em uma sociedade autoconfiante, de uma nação dê-para-mim em uma nação faça-você-mesmo.

#223 - Se você quer que digam algo, peça a um homem. Se você quer que façam algo, peça a uma mulher.

#224 - As pessoas acham que no topo não há muito espaço. Elas tendem a pensar no topo como um pico do Everest. Minha mensagem é que há uma imensidão de espaço no topo.

#225 - Tentar curar a doença britânica com socialismo era como tentar curar leucemia com sanguessugas.

#226 - Se meus críticos me vissem andando sobre as águas do rio Tâmisa, diriam que é porque eu não sei nadar.

#227 - Não pode haver liberdade sem liberdade econômica.

#228 - O espírito de inveja pode destruir; ele nunca pode construir.

#229 - Planeje seu trabalho para hoje e todos os dias. Em seguida, trabalhe o seu plano.

#230 - Disciplinando-se a fazer o que você sabe que é certo e importante, embora difícil, é a estrada para o orgulho, autoestima e satisfação pessoal.

#231 - Olhe para um dia que você estava extremamente satisfeito no final. Não é um dia que você descansa sem fazer nada; é um dia que você tinha tudo para ser feito e você o fez.

#232 - Não foi sorte, eu mereci.

#233 - Gosto de estar no centro das coisas.

#234 - Não existe dinheiro público. Existe apenas dinheiro do pagador de impostos.

#235 - Eu não conheço ninguém que tenha chegado ao topo sem muito trabalho. Essa é a receita. Nem sempre você vai chegar ao topo, mas vai chegar bem perto.

#236 - Não siga a multidão, deixe que a multidão o siga.

# Oprah Winfrey

Oprah Winfrey nasceu em Kosciusko, Mississipi, nos Estados Unidos, no dia 29 de janeiro de 1954. Filha de mãe solteira foi criada pela avó. Aos três anos de idade já recitava versos bíblicos.

Ao ganhar um concurso foi premiada com um trabalho em uma estação de rádio a serviço da comunidade afro-americana, a WVOL. Graduou-se em Comunicação e Artes Cênicas na Universidade Estadual do Tennessee. Iniciou sua carreira profissional em um canal de televisão para atuar como repórter e âncora.

Em 1976 passou a apresentar um talk show na NJZ-TV News, em Baltimore. Em seguida, foi convidada para comandar um programa matinal na WLS-TV de Chicago. Com boa audiência, em 1985, o programa recebeu o nome de "The Oprah Winfrey Show". Nesse mesmo ano, atuou no filme "A Cor Púrpura", que lhe rendeu o Globo de Ouro e a indicação ao Oscar de melhor atriz coadjuvante.

Em 1986, fundou sua própria produtora e adquiriu os direitos do programa, que estreou no dia 8 de setembro de 1986.

O último programa "The Oprah Winfrey Show", apesar de grande audiência, foi ao ar no dia 25 de maio de 2011. Em janeiro de 2012, Oprah fundou a emissora a "Oprah Winfrey Network".

**25 Frases dessa grande empresária e mulher vitoriosa:**

#237 - Sorte é estar pronto quando a oportunidade vem.

#238 - A minha filosofia é que: não apenas você é responsável pela sua vida, como também dar o seu melhor nesse momento o colocará numa melhor posição para o próximo momento.

#239 - Todo mundo quer ir com você na limousine, mas o importante é ter alguém disposto a lhe acompanhar no ônibus quando a limousine quebrar.

#240 - Se você olha para o que você tem na vida, você sempre terá mais. Se você olha para o que você não tem na vida, você nunca terá o suficiente.

#241 - Alegrias para um ano novo e outra chance para nós acertarmos.

#242 - Tudo o que alguém fez para você no passado não tem poder sobre o presente. Só você lhe pode dar esse poder.

#243 - A melhor sensação do mundo vem quando você começa a se sentir bem novamente depois que você se sentiu horrível.

#244 - Quanto mais você glorifica e celebra sua vida, mais você tem na vida para celebrar.

#245 - Se ele ficou atraído por você à primeira vista, saiba que ele não foi o único. Todos eles estão te olhando, então você tem várias opções. Faça a escolha certa.

#246 - Eu tenho certeza que o que focamos é no que nos tornamos. Transforme-se na mudança que você deseja ver - essas são palavras em que baseio a minha vida.

#247 - A maior descoberta de todos os tempos é que uma pessoa pode mudar, simplesmente mudando de atitude.

#248 - A questão essencial não é "o quanto ocupado você está", mas sim "com o que você está ocupado".

#249 - Eu finalmente descobri que ser agradecida por meu corpo é a chave para dar mais amor a mim mesma.

#250 - Pense como uma rainha. Uma rainha não tem medo de falhar. O fracasso é mais um degrau para a grandeza.

#251 - Crie a melhor, a mais grandiosa visão possível para sua vida, porque você se torna aquilo que você acredita.

#252 - Quando você está fazendo o trabalho que você ama, você se sente bem e cada dia é um bônus, independente se você está sendo pago.

#253 - Transforme suas feridas em sabedoria!

#254 - Na vida, você ganha o que você tem coragem de pedir.

#255 - Compreenda que o direito de escolher seu próprio caminho é um privilégio sagrado. Use-o. Insista nas possibilidades

#256 - Eu continuo com os pés no chão, só que agora uso sapatos melhores.

#257 - Você pode ter tudo. Só não pode ter tudo de uma vez.

#258 - Seja grato pelo que você tem; você vai acabar tendo mais. Se você se concentrar no que não tem, você nunca, nunca terá o suficiente.

#259 - O verdadeiro perdão é quando você pode dizer: "Obrigada por essa experiência".

#260 - A maior aventura que você pode ter é viver a vida dos seus sonhos.

#261 - A verdadeira integridade é fazer a coisa certa, sabendo que ninguém vai saber se você fez isso ou não.

**Notas do Autor**

Oprah tem um lugar garantido como livro de cabeceira de minha mulher, é uma referencia para nós. Sempre buscando uma visão ampliada e uma vida ainda mais próspera, Oprah se tornou um ícone de superação pessoal e transformação de vida. Sua biografia é um verdadeiro livro motivacional.

# Simone de Beauvoir

Simone de Beauvoir (1908-1986) foi uma escritora, filósofa, ensaísta e feminista francesa. Foi considerada uma das mais importantes representantes do Movimento Existencialista francês.

Simone de Beauvoir nasceu em Paris, França, no dia 9 de janeiro de 1908. Estudou em escola católica para meninas. Incentivada pelos pais, desenvolveu o gosto pela leitura. Com 15 anos de idade decidiu que seria escritora. Estudou Matemática no Instituto Católico, e Literatura e Línguas no Instituto Saint Marie. Estudou Filosofia na Sorbonne, concluindo o curso em 1929. Nessa época conheceu Jean-Paul Sartre, com quem manteve um relacionamento aberto e polêmico.

1943 publica seu primeiro romance, "A Convidada", onde aborda a degeneração das relações entre um homem e uma mulher, motivada pela convivência com outra mulher, hóspede da residência do casal.

Simone de Beauvoir falece no dia 14 de abril de 1986.

**39 frases de Simone que marcaram época.**

#262 - Ninguém nasce mulher: torna-se mulher.

#263 - A morte parece menos terrível quando se está cansado.

#264 - Querer ser livre é também querer livres os outros.

#265 - Por vezes a palavra representa um modo mais hábil de se calar do que o silêncio.

#266 - Seja qual for o país, capitalista ou socialista, o homem foi em todo o lado arrasado pela tecnologia, alienado do seu próprio trabalho, feito prisioneiro, forçado a um estado de estupidez.

#267 - Todas as vitórias ocultam uma abdicação.

#268 - Renunciar ao amor parecia-me tão insensato como desinteressarmo-nos da saúde porque acreditamos na eternidade.

#269 - Em todas as lágrimas há uma esperança.

#270 - É na arte que o homem se ultrapassa definitivamente.

#271 - Quando se respeita alguém não queremos forçar a sua alma sem o seu consentimento.

#272 - Era-me mais fácil imaginar um mundo sem criador do que um criador carregado com todas as contradições do mundo.

#273 - O presente não é um passado em potência, ele é o momento da escolha e da ação.

#274 - O que é um adulto? Uma criança de idade.

#275 - Viver é envelhecer, nada mais.

#276 - A minha liberdade não deve procurar captar o ser, mas desvendá-lo.

#277 - O homem sério é perigoso, pode transformar-se em tirano.

#278 - Se vivermos durante muito tempo, descobrimos que todas as vitórias, um dia, se transformam em derrotas.

#279 - A beleza ainda é mais difícil de contar do que a felicidade.

#280 - É o desejo que cria o desejável e o projeto que lhe põe fim.

#281 - Que nada nos defina, que nada nos sujeite. Que a liberdade seja a nossa própria substância, já que viver é ser livre.

#282 - Não há uma pegada do meu caminho que não passe pelo caminho do outro.

#283 - Eu gostaria muito de ter o direito, eu também, de ser simples e muito fraca.

#284 - Achar-se situada à margem do mundo não é posição favorável para quem quer recriá-lo.

#285 - Quando Jean-Paul Sartre morreu, era Simone de Beauvoir quem eles deviam ter enterrado.

#286 - Sobre as oportunidades do indivíduo. Não as definiremos em termos de felicidade, mas em termos de liberdade.

#287 - Que suavidade encontraria nestes olhos verdes se os tivesse amado!

#288 - Ele é tão discreto nas suas opiniões que esta frase representa uma espécie de audácia.

#289 - O opressor não seria tão forte se não tivesse cúmplices entre os próprios oprimidos.

#290 - Tudo o que podemos dizer sobre nossas vidas segundo me parece não passa de palavras.

#291 - O mais escandaloso com relação aos escândalos é que nos habituamos a eles.

#292 - Mude sua vida hoje. Não deixe para depois, aja agora, sem demora.

#293 - A representação do mundo é obra dos homens; eles o descrevem a partir de seu próprio ponto de vista.

#294 - Entre as prostitutas e as que se vendem pelo casamento, a única diferença consiste no preço e na duração do contrato.

#295 - À minha volta, reprovava-se a mentira, mas fugia-se cuidadosamente da verdade.

#296 - Que coisa estranha um diário é. As coisas que você omite são mais importantes do que aquelas que você coloca.

#297 - Ninguém é mais arrogante em relação às mulheres, mais agressivo ou desdenhoso do que o homem que duvida de sua virilidade.

#298 - Quando eu era criança, quando eu era adolescente, os livros me salvaram do desespero. Convenceram-me de que a cultura era o mais alto dos valores.

#299 - Quanto menos eu me reconheço em meu corpo, mais me sinto obrigada a me ocupar com ele.

#300 - O casal feliz que se reconhece no amor desafia o universo e o tempo. Basta-se. Realiza o absoluto.

**Notas do Autor**

A escritora revelou sua inquietação diante da velhice e da morte. Explorou também o papel da mulher na sociedade.

Encontrou o seu espaço e não viver sob as sombras de Sartre, um ícone mundial em seu tempo.

Mereceu estar nesse livro por sua trajetória ímpar, sendo, sem dúvidas, mais um caso de mulher incrível que tornou seu parceiro uma pessoa de inegável destaque.

Defendeu a liberdade, a transparência e a autenticidade individual dentro de uma relação a dois.

# Virgínia Woolf

Virginia Woolf (1882-1941) foi uma romancista, ensaísta e editora inglesa. Uma das principais escritoras do Movimento Modernista do século XX.

Virginia Woolf nasceu em Londres, no dia 25 de Janeiro de 1882. Filha do editor, Leslie Stephen, cresceu sob a influência da sociedade literária vitoriana.

Em 1915 publicou sua primeira obra "The Voyage Out".

"Um Teto Todo Seu" (1929), um ensaio baseado em uma série de palestra que ela deu em 1928, em várias universidades femininas de Cambridge. O ensaio é visto como um texto feminista, uma crítica à falta de espaço e liberdade que as mulheres sofreram na história.

**Aqui vão suas frases poderosas.**

#301 - As mulheres, durante séculos, serviram de espelho aos homens por possuírem o poder mágico e delicioso de refletirem uma imagem do homem duas vezes maior que o natural.

#302 - É fácil dizer-se que não é um grande livro. Mas que qualidade lhe faltará? Talvez a de nada acrescentar à nossa visão de vida.

#303 - O preço barato do papel é a razão por que as mulheres começaram por ter êxito na literatura, antes de o alcançarem noutras profissões.

#304 - A vida é como um sonho; é o acordar que nos mata.

#305 - Uma paixão tão completamente centrada em si recusa o resto do mundo tal como a água límpida e calma filtra todas as matérias estranhas.

#306 - Escrever é que é o verdadeiro prazer; ser lido é um prazer superficial.

#307 - A coisa nenhuma deveria ser dada um nome, pois há perigo de que esse nome a transforme.

#308 - Cada um tem o seu passado fechado em si, tal como um livro que se conhece de cor, livro de que os amigos apenas levam o título.

#309 - Não se acha a paz evitando a vida.

#310 - É muito mais difícil matar um fantasma do que matar uma realidade.

#311 - As coisas se desprenderam de mim. Eu prolonguei certos desejos; eu perdi amigos, alguns para a morte... outros pela incapacidade de atravessar a rua.

#312 - Algumas pessoas procuram os padres; outras a poesia; eu os meus amigos.

#313 - O efeito da morte sobre aqueles que continuam vivos é sempre estranho, e muitas vezes terrível, pela destruição de desejos inocentes.

#314 - Que a mim, pois, seja dado saborear o momento, antes que ele se propague pelo restante do mundo!

#315 - Nada mais temas, diz o coração no corpo, nada mais temas.

#316 - Estas são as mudanças da alma. Eu não acredito em envelhecimento. Eu acredito em alterar para sempre o aspecto de alguém para a luz. Eis meu otimismo.

#317 - Se você não contar a verdade sobre si mesmo, você não pode contar a verdade sobre as outras pessoas.

#318 - Pensei o quanto desconfortável é ser trancado do lado de fora; e pensei o quanto é pior, talvez, ser trancado no lado de dentro.

#319 - Depender de uma profissão é uma forma menos odiosa de escravidão do que depender de um pai.

#320 - Esta alma, ou vida dentro de nós, sem opção concorda com a vida exterior. Se alguém tiver a coragem de perguntá-la o que pensa, ela está sempre dizendo exatamente o oposto do que as outras pessoas dizem.

#321 - A verdade é que eu sempre gosto das mulheres. Gosto da falta de convencionalismo delas. Gosto da integridade delas. Gosto do anonimato delas.

#322 - Sono, essa deplorável redução do prazer da vida.

#323 - Como mulher eu não possuo país. Como mulher, meu país é o mundo todo.

#324 - Os olhos dos outros são prisões; seus pensamentos nossas celas.

#325 - O meu maior desejo sempre foi o de aumentar a noite para conseguir enchê-la de sonhos.

#326 - De tudo que existe, nada é tão estranho como as relações humanas, com suas mudanças, sua extraordinária irracionalidade.

#327 - A infelicidade é um estado de espírito. E com isso quero dizer que não é a resultante necessária de uma causa específica.

#328 - Este é um privilégio da solidão: pode a gente fazer o que bem nos parece. Pode-se até chorar, se ninguém está olhando.

#329 - Tudo é efêmero como o arco-íris.

#330 - Não precisa ter pressa. Não há necessidade de brilhar. Não precisa ser ninguém além de si mesmo

#331 - Com o dobro da inteligência dele, ela tinha de enxergar as coisas pelos olhos dele - uma das tragédias da vida conjugal.

#332 - A partir de certa idade os anos passam voando e os dias são intermináveis.

#333 - Por que são as mulheres são tão mais interessantes aos homens do que os homens são às mulheres?

#334 - Quanto mais se envelhece, mais se gosta de indecência.

#335 - Gosta-se muito mais das pessoas quando elas são abatidas por um cerco extraordinário de desgraça do que quando elas triunfam.

#336 - Todo segredo da alma de um escritor, toda a experiência de sua vida, toda a qualidade de sua mente está melhor escrita em seus trabalhos.

#337 - Não se pode pensar bem, amar bem, dormir bem, quando não se jantou bem.

#338 - Os livros são espelhos da alma.

#339 - Tranque as suas bibliotecas, se quiser; mas não há nenhuma porta, nenhum cadeado, nenhum ferrolho que você pode colocar sobre a liberdade da minha mente.

#340 - Crescer é perder algumas ilusões para ganhar outras.

#341 - Os sentimentos extremos estão todos aliados à loucura.

**Nota do Autor**
Sou encantado pelas feministas. Quantas frases poderosas foram escritas por Woolf.

Toda mulher que criou um legado neste planeta lutou contra muito mais do que seus monstros e fantasmas internos, ela lutou contra todas as forças machistas e patriarcais de seu tempo.

Não poderia ser diferente. Com uma personalidade forte como esta, seu legado certamente chegaria até os tempos atuais.

**Extra*(ordinárias)*.**

# Mary Kay Ash

#342 - Não se limite. Muitas pessoas se limitam ao que eles acham que podem fazer. Você pode ir tão longe quanto sua mente permite. O que você acreditar, lembre-se, você pode alcançar.

#343 - Eu posso compartilhar com você o segredo do sucesso em três palavras - UM POUCO MAIS. Eu sempre tentei fazer tudo o que eu idealizei e um pouco mais. Essas três palavras realmente fizeram a diferença no meu sucesso.

#344 - Pela aerodinâmica a abelha não deveria conseguir voar. Mas como ela não sabe disso voa do mesmo jeito.

#345 - Uma líder de sucesso lidera de três maneiras: pelo exemplo, pelo exemplo e pelo exemplo.

# Brigite Bardot

#346 - Pior do que ser infiel é ser fiel sem o querer.

#347 - Há pessoas que dão valor somente a amigos que a pouco se conhecem, e esquecem que na hora das dificuldades quem está ao seu lado é somente a família, que desde sua existência fica ao seu lado para o que der e vier.

#348 - É triste envelhecer, mas é bom amadurecer.

#349 - Eu sempre adorei homens jovens. Só porque eu estou mais velha, meu gosto não mudou. Então, se eu ainda posso tê-los, porque não?

#350 - Se eu aparentasse 30 anos, alguma coisa estaria errada. Eu tenho rugas, sim. E daí?

#351 - Quando se é capaz de lutar por animais, também se é capaz de lutar por crianças ou idosos. Não há bons ou maus combates, existe somente o sofrimento dos mais fracos, que não podem se defender.

# Michelle Obama

#352 - Fracassar é parte crucial do sucesso. Toda vez que você fracassa e se recupera você exercita perseverança, que é a chave da vida. Sua força está na habilidade de se recompor.

#353 - Temos de corrigir as nossas almas. Nossas almas estão despedaçadas nesta nação. Nós perdemos nosso rumo. E isso começa com a inspiração. Começa com a liderança.

#354 - Eu acredito que cada um de nós, não importa nossa idade ou jornada, cada um de nós tem algo a contribuir para a vida desta nação.

#355 - Ainda existem muitas causas que valem o sacrifício, muita História ainda há de ser feita.

#356 - Não queira estar com um homem que é burro demais para apreciar uma mulher inteligente.

#357 - O sucesso não tem a ver com quanto dinheiro você ganha, mas com a diferença que você faz na vida de outras pessoas.

#358 - Qualquer homem que use a força para oprimir as mulheres é um covarde, e ele está atrasando o progresso de sua família e seu país.

# Marilyn Monroe

#359 - Não me falta homem, o que me falta é amor.

#360 - Não me alimento de "quases", não me contento com a metade! Nunca serei sua meio amiga, ou seu meio amor. É tudo ou nada.

#361 - Se eu tivesse cumprido todas as regras, eu nunca teria chegado a lugar algum.

#362 - Os homens passam, os diamantes ficam.

#363 - Eu sabia que eu pertencia ao público e ao mundo, não pelo fato de ser talentosa ou até mesmo bonita, mas porque eu nunca pertenci a nada ou a ninguém.

#364 - Todo mundo é uma estrela e merece o direito ao brilho.

#365 - Nenhuma mulher deve esquecer que ela não precisa de ninguém que não precise dela.

#366 *(Vai que é ano bissexto)* - Não ligo de viver no mundo de um homem, desde que eu possa ser uma mulher nele.

## #367

Insira aqui a sua frase, afinal,
**você também é uma mulher poderosa:**

# Fim de Jornada

Foi um verdadeiro passeio pelo mundo da beleza, sutileza e sensibilidade feminina.

Passamos também pelas lutas sociais, ideológicas e políticas que as mulheres enfrentam desde o início da história.

Ler estas frases, de empresárias, romancistas, filósofas e etc., nos leva a um novo paradigma.

Para cada uma dessas mulheres, o mundo estava em construção e era uma obra inacabada. Uma obra que precisava de seu toque pessoal e, sendo assim, elas se levantaram e foram à luta e à construção de seus legados.

Espero que você saia mais inspirado(a) a vencer todos os modelos de sociedade que foram impostos a você desde a infância.

O mundo pode ser melhor. Você pode ser um agente de mudança.

**Vá e inspire milhões! Nos vemos no topo!**

*Mario Henrique Meireles*

**www.mariomeireles.com.br**

**@mariohmeireles**

Conheça mais livros como esse em:

**www.livrosdecoaching.com.br**

Nossos cursos, seminários e workshops em:

**www.institutolifecoaching.com.br**

ISBN: 978-65-992712-1-2

9 786599 271212

Instituto Life Coaching
www.institutolifecoaching.com.br